IQTIDORLI O'QUVCHILAR UCHUN MATEMATIKA FANIDAN TO'GARAK MASHG'ULOTLARINI ZAMONAVIY HAMDA KREATIV TARZDA TASHKILLASHTIRISH METODIKASI

(O'QUV QO'LLANMA)

Bekdurdiyev Zufarbek Shodlik o'g'li

Qo'shko'pir tuman ixtisoslashtirilgan maktabining matematika fani o'qituvchisi

ISBN 978-93-5872-916-0

© **Bekdurdiyev Zufarbek**

Book :
IQTIDORLI O'QUVCHILAR UCHUN MATEMATIKA FANIDAN TO'GARAK MASHG'ULOTLARINI ZAMONAVIY HAMDA KREATIV TARZDA TASHKILLASHTIRISH METODIKASI

Author : Bekdurdiyev Zufarbek

Publisher : Taemeer Publications

Year : '2024

Pages : 44

Title Design : *Taemeer Web Design*

IQTIDORLI O'QUVCHILAR UCHUN MATEMATIKA FANIDAN TO'GARAK MASHG'ULOTLARINI ZAMONAVIY HAMDA KREATIV TARZDA TASHKILLASHTIRISH METODIKASI

(METODIK QO'LLANMA)

ANNOTATSIYA

Hozirgi kunda iqtidorli o'quvchilar bilan darsdan tashqari mashg'ulotlarda ish olib borishni tizimli tashkillashtirish, o'quvchilarga turli xil murakkablikdagi masalalar yechish texnikasini o'rgatish, xalqaro ta'lim tashkilotlari tomonidan ishlab chiqilgan qo'llanmalardan foydalanish, asosiy masalalardan hisoblanadi. Iqtidorli o'quvchilar uchun ishlab chiqilgan bu metodik qo'llanmada turli xil murakkablikdagi mavzular haqida ma'lumotlar, o'quvchilarni mulohaza yuritishini hamda tanqidiy fikrlashini oshiradigan turli xil qiyinchilikdagi topshiriqlar keltirib o'tilgan. Bu qo'llanma asosan 5-6 sinf o'quvchilari uchun mo'ljallangan bo'lib, turli xil mavzular va ularga oid topshiriqlar berilgan. To'garak mashg'ulotlarini amaliyot bilan bog'lash maqsadida, amaliy mashqlar ham keltirib o'tilgan.

Kalit so'zlar: Do'st sonlar, mulohaza, amaliy mashq, metod, qism, topshiriq.

Tarkib. Muallif: Z.Bekdurdiyev

Taqrizchi: D.Sherov

MUNDARIJA:

KIRISH

"Matematika hamma aniq fanlarga asos. Bu fanni yaxshi bilgan bola aqlli, keng tafakkurli bo'lib o'sadi, istalgan sohada muvaffaqiyatli ishlab ketadi"

Shavkat Mirziyoyev

Bugungi kunda mamlaktimizning har jabhasida rivojlanishlar, o'zgarishlar amalga oshirib kelinmoqda. Yangi O'zbekistonimizda ham ta'lim tizimiga bo'lgan e'tibor asosiy masalalardan biri bo'lib kelmoqda. Mamlakatimiz rahbari tomonidan ham ta'lim tizimini takomillashtirish bo'yicha bir qator tashabbuslar joriy qilinmoqda. Xorijiy davlatlar tajribasini qo'llagan holda, ko'plab yangiliklar joriy etilyapti.

Ta'lim tizimining asosiy bo'g'ini sifatida o'qituvchi-pedagoglarni aytishimiz mumkin. Hozirgi kunda rivojlanayotgan ta'limda o'qituvchilar ham ilg'or, yangilikka intiluvchan bo'lishi talab darajasidagi vazifalardan biri hisoblanadi. O'quvchilarga dars mashg'ulotlarini o'tish davomida zamonaviy axborot kommunikatsiya vositalarini qo'llay olishi, ilg'or pedagogik tajribalarini amalda bajarishi o'qituvchining eng asosiy vazifalaridan biri hisoblanadi. O'quvchilar bilan ishlash, ularni fan bo'yicha iqtidorini namoyon qilishda darsdan tashqari mashg'ulotlarning ham roli katta ahamiyat kasb etadi. Bu to'garak mashg'ulotlarini tizimli tarzda olib borish, o'quvchilarning fan bo'yicha yuzaga kelgan bo‘shliqlarini bartaraf etish, o‘quvchilarda fanga bo‘lgan qiziqishini oshiradi. To‘garak mashg‘ulotlarini ham boshqa fanlar bilan ham o‘zaro integratsiyalashtirib olib borish, o‘quvchilarda fanlar bo‘yicha bilimlarini oshirishga xizmat qiladi. Bu metodik qo‘llanmada ham matematika fanidan 5-6 sinf o‘quvchilari uchun darsdan tashqari mashg‘ulotlarni tizimli tashkillashtirish, iqtidorli o‘quvchilarni aniqlash hamda ular bilan ishlashda qo‘shimcha materiallar bilan boyitilgan qo‘llanma hisoblanadi.

Ushbu metodik qo‘llanmaning yana bir jihati shundan iboratki, muallif tomonidan qo‘llanma uchun www.matematiklar.uz sayti ham ishlab chiqilgan. Bu saytda o‘qituvchilar va o‘quvchilar foydalanishi uchun qo‘shimcha materiallar ham joylab borilmoqda. Dars jarayonlarida zamonaviy axborot texnologiyalari vositalaridan unumli foydalanish maqsadida, web sayt orqali turli xil qo‘llanmalar joylashtirilgan. O‘quvchilar uchun turli darajadagi testlar ham joylashtirilgan bo‘lib, o‘quvchilar bu sayt orqali xohlagan vaqtida va joyida foydalanish imkoniyati yaratilgan. Bu orqali, o‘quvchilarning bo‘sh vaqtlaridan unumli tarzda foydalanishi ko‘zda tutilgan.

Asosiy qism

1-dars. Sonlar ham do'st bo'ladimi? Do'st sonlar haqida tushuncha

"Do'stlik" tushunchasi sonlar orasida ham bor ekan. Sonlar do'st bo'lishi uchun quyidagi ta'rifga mos tushishi lozim bo'ladi.

Ta'rif. Ikkita a va b natural sonlar do'st sonlar deyiladi, agar ularning har biri ikkinchising bo'luvchilari yig'indisiga teng bo'lsa. (a va b sonlaridan tashqari bo'luvchilar yig'indisini hisoblash nazarda tutilgan)

Misol qilib aytadigan bo'lsak, a=220 va b=284 sonlari do'st sonlar bo'ladi. Quyida bu sonlarni ta'rif bo'yicha tekshirib ko'ramiz:

Dastlab, 220 va 284 sonlarining o'zidan tashqari barcha bo'luvchilarini yozib chiqamiz:

$$220=\{1, 2, 4, 5, 10, 11, 20, 22, 44, 55, 110\}$$

$$284=\{1, 2, 4, 71, 142\}$$

220 ning bo'luvchilari yig'indisi 284 ga, 284 ning bo'luvchilari yig'indisi esa 220 ga teng ekanligini tekshirib oldik. Demak, (220, 284) sonlari do'st sonlar ekan.

Do'st sonlar tushunchasini, dastlab Pifagor kiritgan. Do'st sonlar ustida Sharq matematiklari tomonlaridan ham izlanishlar olib borilgan.

Afsuski, bu asarlarning hammasi ham bizning davrimizgacha yetib kelmagan. Yetib kelgan ma'lumotlar shuni ko'rsatadiki, Sharq matematik olimlaridan IX asrda yashagan bog'dodlik Sobit ibn qorra o'zining "Do'st sonlarni oson yo'l bilan topish haqida risola"sida birinchilardan bo'lib, sonlarni do'st bo'lish mezonini ishlab chiqqan.

Agar va sonlari quyidagi ko'rinishda bo'lgan

tub sonlar bo'lsa, u holda va sonlar do'st sonlar bo'ladi.

Bu usul yordamida n ning 20 000 ga yaqin qiymatlariga to'g'ri kelgan do'st sonlar topilgan.

1.1-topshiriq.

Aziz o'quvchi, siz ham Sobit ibn qorra mezonidan foydalanib, yana 3 ta do'st sonlar juftligini topishga harakat qiling. Hamda topilgan sonlaringiz do'stligini daftaringizda ko'rsating.

1.2-topshiriq.

Bu kabi topshiriqlar o'quvchi yoshiga mos tuzilgan bo'lib, 5-6 sinf o'quvchilarida tezkorlik va topqirlik hamda sog'lom raqobat muhiti yaxshi shakllanishiga xizmat qiladi.

Quyida berilgan sonlarni do'sti bilan birlashtiring.

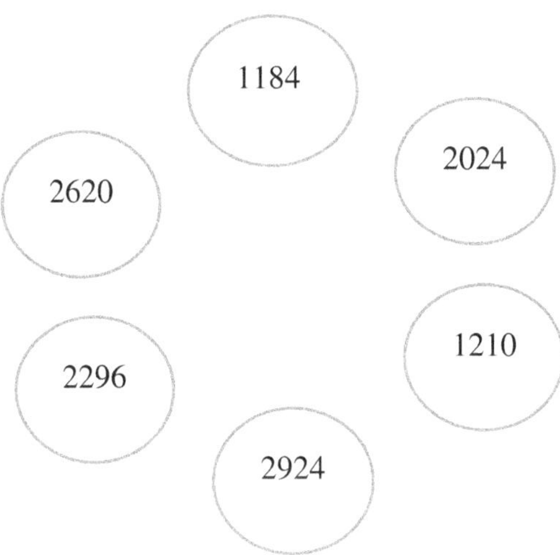

1.3-topshiriq. Amaliy mashq.

Bu amaliy mashq sinfdagi o'quvchilar o'rtasidagi o'zaro do'stona muhitni yanada ijobiy tarzda shakllanishiga yordam beradi.

To'garak mashg'ulotlarida kichik qog'ozlarga do'st sonlarni yozib chiqing. Guruhdagi o'quvchilar do'st sonlar xossasidan foydalanib, o'z sherigini ya'ni do'stini topishga harakat qilsin.

2-dars. Kombinatorikaning ba'zi xossalari

Bu darsimiz asosan, amaliyot bilan bog'langan bo'lib, kombinatorikaga oid turli xil misollarni ko'rib chiqamiz:

2.1-topshiriq.

Nechta juft 4 xonali sonlar mavjudligini ko'rsating.

Yechish:

Dastlab, 4 xonali sonni quyidagicha tasvirlab olamiz:

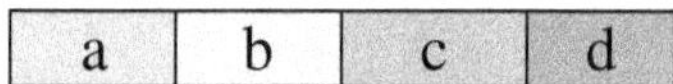

Shartga ko'ra, sonimiz juft son ekanligi aytib o'tilgan, ya'ni d xonadagi son juft bo'lishi yetarli. d={0,2,4,6,8}.

a xonadagi son esa, a={1, 2, 3,…, 9} raqamlarini qabul qila oladi. b va c xonalari esa barcha raqamlarni qabul qilishi ko'rinib turibdi. U holda

9	10	10	5

Xonalarda joylashgan sonlarni ko'paytirib, 4500 ni hosil qilamiz. Ya'ni, 4500 ta juft 4 xonali sonlar mavjud ekan.

2.2-topshiriq.

Barcha raqamlari toq bo'lgan nechta besh xonali sonlar mavjudligini toping.

Yechish:

Besh xonali sonning barcha raqamlari toq bo'lishi masala shartida aytib o'tilgan. U holda, barcha xonalar beshtadan toq sonlarni qabul qila oladi.

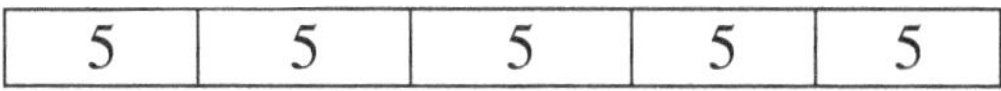

Xonalardagi sonlarni ko'paytirib, 3125 natijasini olamiz.

2.3-topshiriq.

Olti nafar o'quvchi bir qator bo'lib, necha xil usulda safga turishi mumkinligini hisoblang.

2.4-topshiriq.

$\{0,2,4,5,7,9\}$ raqamlaridan bir martadan foydalangan holda, nechta uch xonali sonlar tuzish mumkinligini toping.

Yechish: Uch xonali sonlarni tasvirlash uchun, quyidagicha yozib olamiz:

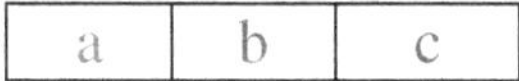

a xonadagi raqam berilgan 6 ta raqamdan 5 tasini qabul qila oladi. (0 raqamini qabul qila olmaydi)

b xonadagi raqam esa, qolgan 4 ta raqam va 0 raqamini qabul qila oladi, ya'ni 5 ta raqamni qabul qila oladi.

c xonadagi raqam esa, 4 raqamni qabul qila olishini ko'rishimiz mumkin.

U holda,

5	5	4

Xonadagi raqamlarni ko'paytirsak, 100 sonini hosil qilamiz.

2.5-topshiriq.

3, 5, 6, 9 raqamlaridan foydalanib, 4 ga karrali nechta 4 xonali sonlarni tuzish mumkin?

2.6-topshiriq. Amaliy mashq.

Sinfdan ixtiyoriy 5 nafar o'quvchini doskaga taklif qilib, ular orasidan to'garak sardori va yordamchisini necha xil usulda tanlash mumkinligini ko'rsating.

Izoh: Dastlab, bu amaliy mashqni o'quvchilarni o'zlari mustaqil bajarishlari lozim.

3-dars. Palindrom sonlar haqida tushuncha

Sonlar ham ba'zi ajoyib xussiyatlarga ega. Bu darsimizda palindromik xususiyatga ega bo'lgan sonlar bilan tanishib chiqamiz.

Ta'rif. O'ng va chap tomondan ham bir xil o'qiladigan sonlarga palindrom sonlar deyiladi.

Masalan, 121, 1991, 9009, … kabi sonlarni palindromik sonlar qatoriga kirizishimiz mumkin.

3.1-topshiriq.

Nechta uch xonali palindrom sonlar mavjud.

Yechish: Masalani yechishimiz uchun, jami uch xonali sonlarning nechtasini o'ng va chap tomonda o'qisak ham, bir xil bo'ladiganlarini topishimiz lozim.

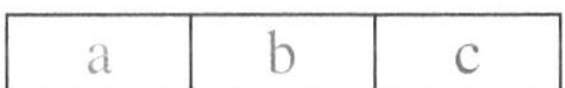

Ya'ni, a=c bo'ladigan hollarni qaraymiz. a va c {1, 2, 3, … , 9 } raqamlarini qabul qila oladi. b esa {0, 1, 2,…, 9} raqamlarni qabul qiladi. Demak, jami 9·10=90 ta uch xonali palindrom sonlar mavjud ekan.

3.2-topshiriq.

Nechta to'rt xonali palindrom sonlar mavjudligini ko'rsating.

3.3-topshiriq.

Barcha raqamlari toq bo'lgan nechta besh xonali palindrom sonlar mavjudligini toping.

3.4-topshiriq. Amaliy mashq.

Bu amaliy mashq ona tili va adabiyoti fani bilan integratsiyalangan holda o'quvchilarning o'zbek tilidagi so'z boyligini oshirishga xizmat qiladi.

Palindrom so'z o'yini.

Bu o'yinda o'quvchilar belgilangan vaqt davomida eng ko'p palindrom so'zlarni topib, daftariga yozishlari kerak bo'ladi.

Palindrom so'zlarga misollar keltirib o'tamiz: arra, non, kiyik, ikki, …

Aslida palindrom sonlar va so'zlardan tashqari palindrom shakllar, chizmalar ham mavjud. Bunda shaklning birinchi yarimi, ikkinchi yarimi bilan aynan ustma-ust tushishi lozim bo'ladi. Bu kabi ishlarni asosan rassomlar bajarishadi. Siz ham palindrom shakl chizishga harakat qilib ko'ring.

4-dars. Ajoyib kvadratlar haqida tanishamiz

Matematika fanining ajoyib xossalarga ega, jozibali mavzularidan biri bu – ajoyib kvadratlar sanaladi.

3x3 o'lchamdagi ajoyib kvadratlarni o'rganishdan boshlaymiz:

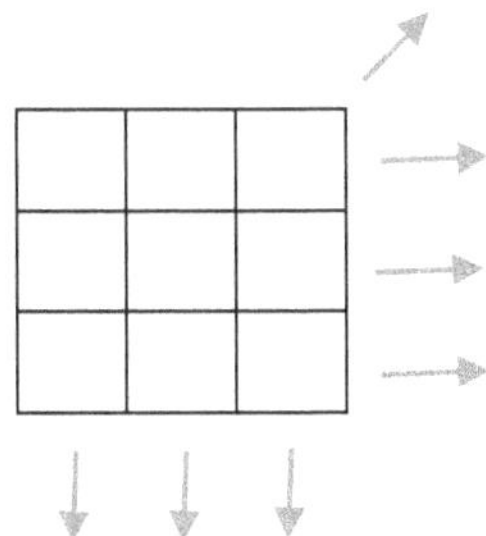

Yuqoridagi kvadratga 1 dan 9 gacha bo'lgan sonlarni shunday joylashtirishimiz kerak, ko'rsatilgan yo'nalishlar bo'yicha sonlar yig'indisi bir xil bo'lishi lozim. Bu yerda, kvadratning ajoyib jihati kvadratning istalgan satr, ustun va dioganali bo'yicha yig'indisi bir xil bo'lishi talab etiladi.

1	2	3
4	5	6
7	8	9

4	3	8
9	5	1
2	7	6

Demak, istalgan satr, ustun va dioganl bo'yicha sonlar yig'indisi 15 bo'lishi kerak ekan.

Umuman olganda, o'lchamli kvadrat kataklariga 1 dan gacha bo'lgan butun sonlar joylanishi kerak. Bu kataklarning istalgan satr, ustun va dioganal bo'yicha yig'indisi bir xil bo'lishi lozim. Bu yig'indi nimaga teng bo'lishini ko'rsatib o'tamiz: Bu yig'indini deb belgilaymiz. Kvadratdagi hamma sonlar yig'indisini ikki holatda hisoblab chiqamiz:

1-holatda: ga tengligi ma'lum.

2-holatda: 1 dan gacha bo'lgan sonlarni yig'indisi Gauss usuliga ko'ra quyidagicha bo'ladi:

Izoh: Ketma-ket kelgan sonlar uchun yig'indini hisoblashning Gauss usuli:

1-holatdagi va 2-holatdagi natijalarni tenglab,

Ikkala tarafini ga bo'lib yuboramiz va quyidagi natijani olamiz:

Xulosa qiladigan bo'lsak, kvadratda kataklar yig'indisini

lik kvadratda =>

lik kvadratda =>

lik kvadratda =>

…

ko'rinishda hisoblab chiqishimiz mumkin bo'ladi.

4.1-topshiriq.

o'lchamdagi kvadratni sonlarini joylashtirib, ajoyib kvadrat hosil qiling.

4.2-topshiriq.

o'lchamdagi kvadratni sonlarini joylashtirib, ajoyib kvadrat hosil qiling.

4.3-topshiriq.

o'lchamdagi kvadratning kataklari yig'indisini toping.

4.4-topshiriq. Amaliy mashq.

Bu amaliy mashqda o'quvchilarda 4K - jamoa bo'lib ishlash qobilyatini shakllantirish ko'nikmasi yaxshi rivojlanadi.

O'quvchilardan 9 nafarini doskaga taklif qilib, ularni har biriga 1 dan 9 gacha bo'lgan raqamlardan ixtiyoriy ravishda tarqatib chiqamiz. Belgilangan vaqt davomida o'quvchilar, doskada ajoyib kvadrat sonlarini hosil qilishlari kerak bo'ladi.

5-dars. Egizak tub sonlar haqida tushuncha

Bu darsda egizak tub sonlar haqida tanishib chiqamiz. Dastlab, tub sonlar qanday bo'lishini esimizga solib olamiz:

Tub sonlar – faqat o'ziga va birga bo'linadigan sonlar.

Tub sonlar qatori quyidagicha bo'ladi:

Ta'rif. Ayirmasi ikkiga teng bo'lgan, ketma-ket kelgan tub sonlar – egizak tub sonlar deyiladi.

Ushbu sonlar juftliklari egizak tub sonlar hisoblanadi:

,

5.1-topshiriq.

300 gacha bo'lgan natural sonlar orasida nechta egizak tub sonlar juftligi borligini toping.

5.2-topshiriq.

Quyidagi jadvalda berilgan sonlardan egizak tub sonlarni aniqlab, ularni tutashtiring:

(Izoh: Aziz o'quvchim, diqqatli bo'ling! Jadvalda murakkab sonlar ham berilgan)

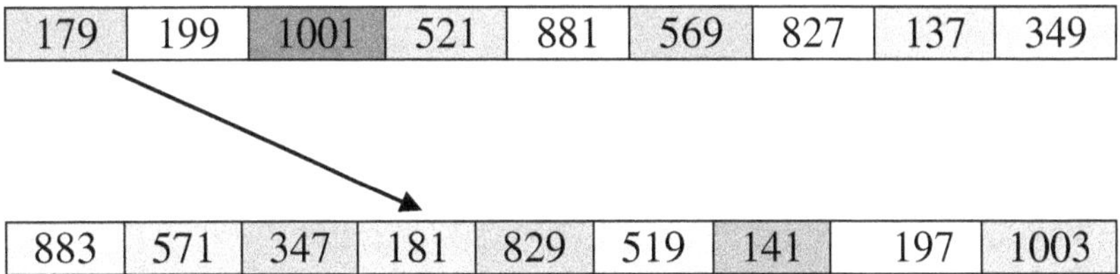

5.3-topshiriq.

500 gacha bo'lgan sonlarda nechta egizak tub sonlar juftligi borligini toping. Bu egizak tub sonlarni daftaringizga yozing.

5.4-topshiriq. Amaliy mashq.

Doskaga 10 ta egizak tub sonlar juftligi alohida-alohida qog'ozchalarga yozilib, doskaning har xil joylariga aralashtirib yopishtiriladi. Belgilangan vaqt davomida har bir doskaga chiqqan o'quvchi bitta egizak tub sonlar juftligini tashkil qiladigan qog'ozlarni topishi kerak bo'ladi.

Bu amaliy mashqda o'quvchilarda 4K - jamoa bo'lib ishlash qobilyatini shakllantirish ko'nikmasini yaxshi rivojlanadi.

6-dars. Sonning butun va kasr qismi

Bu mavzuda sonning butun va kasr qismlarini topishga doir misollar bilan tanishib chiqamiz. Undan oldin esa sonning butun va kasr qismi haqidagi ta'riflarni keltirib o'tamiz:

Ta'rif. soning butun qismi deb, dan katta bo'lmagan eng katta butun songa aytiladi.

[ ] – bu belgi sonning butun qismini bildiradi.

Masalan, [] =,   [] =,   [] =

Ko'pchilik o'quvchilar manfiy sonning butun qismini topishda xatolikka yo'l qo'yishadi. Xatolik bo'lmasligi uchun, yuqoridagi ta'rifni to'g'ri qo'llashimiz lozim.

[] ni hisoblashimiz uchun "" sonidan katta bo'lmagan eng katta butun sonni topishimiz kerak. Bu son "" ekanini ko'rishimiz mumkin.

Ta'rif. soning kasr qismi deb, sonning o'zidan uning butun qismini ayirishdan hosil bo'lgan songa aytiladi.

Quyida bir nechta misollarni ko'rib chiqamiz:

6.1-topshiriq.

6.2-topshiriq.

6.3-topshiriq.

Dars davomida fanlararo integratsiyani shakllantirish maqsadida matematik belgilarni ingliz tilida nomlanishini ham o'rganib boramiz:

( )	parentheses
[ ]	brackets
{ }	curly braces
=	equal sign

7-dars. Abu Rayxon Beruniyning "Besh miqdor qoidasi"

Abu Rayxon Beruniy o'z davrining zabardast xorazmlik qomusiy olimlaridan biri edi. 973-yil Xorazmning Kat shahrida tavallud topgan.

Abu Rayxon Beruniy "Geodeziya", "Hindiston", "Mineralogiya" va "Qadimgi xalqlardan qolgan yodgorliklar" kabi mashhur asarlar muallifi hisoblanadi.

Bugungi darsimizda Abu Rayxon Beruniyning "besh miqdor qoidasi" boʻyicha masalalarni koʻrib chiqamiz. Bu turdagi masalarda asosan 5 ta miqdor ma'lum boʻlgan holda, 6-miqdorni topish masalasi qaraladi.

Abu Rayxon Beruniyning "Besh miqdor qoidasi" ga doir masalasini koʻrib chiqamiz:

10 dirham pul ikki oyda 5 dirham foyda keltirsa, 8 dirham pul uch oyda qancha dirham foyda keltiradi?

Yechish: Bu masalada besh miqdor ma'lum boʻlib, 6-miqdorni topishimiz kerak boʻladi.

Masalani yechish uchun quyidagi kabi koʻrinishga keltirib olamiz:

Berilgan yoʻnalishlarda miqdorlarni koʻpaytirib, tenglama hosil qilamiz:

Xulosa qiladigan boʻlsak, 10 dirham pul ikki oyda 5 dirham foyda keltirsa, 8 dirham uch oyda 6 dirham foyda keltirar ekan.

7.1-topshiriq. Ikki arava o'tin uch uyga to'rt kunga yetsa, olti arava o'tin besh uyga qancha kunga yetadi?

7.2-topshiriq. 2 tovuq 5 kunda 7 ta tuxum qo'ysa, 5 tovuq 6 kunda qancha tuxum qo'yadi?

7.3-topshiriq. 5 nafar baliqchi 5 kunda 20 ta baliq tutsa, 10 nafar baliqchi 8 kunda qancha baliq tutadi?

7.4-topshiriq. Yuzta baliqchi yuz kunda yuzta baliq tutsa, o'nta baliqchi o'n kunda nechta baliq tutadi?

7.5-topshiriq. Ikkita mushuk ikki soatda ikkita sichqon tutsa, to'rtta mushuk to'rt soatda nechta sichqon tutadi?

8-dars. Faktorial haqida tushuncha

Faktorial so'zi, ingliz tilidan factor-ko'paytuvchi so'zidan olingan bo'lib, berilgan musbat songacha bo'lgan sonlar ko'paytmasiga teng.

Masalan,

Shuningdek, faktorialning quyidagicha ko'rinishlari ham mavjud:

$$, , \cdots$$

Umumiy faktorial qoidasiga ko'ra quyidagi formulalar o'rinli:

(qiymatgacha)

(qiymatgacha)

Bir nechta misollar ko'rib chiqamiz:

Faktorialga doir ma'lumotlar, fanga doir ko'plab misollarni yechishda yordam beradi.

8.1-topshiriq.   ko'paytma nechta nol bilan tugaydi?

Yechish: Berilgan topshiriqni yechish uchun quyidagi amallarni bajaramiz:

Demak, soni ta nol bilan tugashini bilib oldik.

8.2-topshiriq. yig'indi nechta nol bilan tugaydi?

Ko'rsatma: Bu topshiriqni quyida boshqa misol yordamida tasvirlaymiz:

10 ta nol bilan tugaydigan songa, 6 ta nol bilan tugaydigan sonni qo'shganimizda 6 ta nol bilan tugaydigan son hosil bo'ladi.

8.3-topshiriq. ayirma nechta nol bilan tugaydi?

8.4-topshiriq. yig'indining oxirgi raqamini toping.

9-dars. Nostandart masalalar yechish.

Ushbu darsimizda biroz murakkabroq masalalar bilan tanishib chiqamiz. Bu masalalar nostandart masalalar hisoblanib, iqtidorli o'quvchilar uchun ishlab chiqilgan.

9.1-topshiriq. ko'paytma necha xonali ekanligini aniqlang.

Ko'rsatma: Ko'paytmani 10 ning darajalari shakliga keltirib olishimiz kerak.

9.2-topshiriq. turli natural sonlar, , bo'lsa, yig'indining eng kichik qiymatini toping.

9.3-topshiriq. Raqamlari yig'indisi 10 dan kam bo'lmagan va raqamlarining ko'paytmasi 10 dan ortiq bo'lmagan nechta uch xonali son mavjud?

9.4-topshiriq. Raqamlari ko'paytmasi bo'lgan eng kichik natural sonni toping.

Bu yerda

9.5-topshiriq. Ikkita uch xonali sonning hamma raqamlari har xil, birinchi sonning birinchi raqami ikkinchi sonning oxirgi raqamidan ikki marta kam bo'lsa, ularning yig'indisini toping.

9.6-topshiriq. 10 ta to'g'ri chiziq tekislikni eng ko'pi bilan nechta qismga ajratadi?

9.7-topshiriq. ushbu sonning necha xonali ekanligini hamda raqamlari yig'indisini toping.

9.8-topshiriq. 12 ga bo'lganda qoldiq 8 ga, 14 ga bo'lganda esa qoldiq 2 ga teng bo'lgan ikki xonali sonni 13 ga bo'lgandagi qoldiqni toping.

9.9-topshiriq.   tenglamani nechta yechimlar jufti bor?

9.10-topshiriq. Yozuvida faqat bitta juft son qatnashgan nechta to'rt xonali sonlar mavjud?

9.11-topshiriq. 1 dan 100 gacha bo'lgan sonlar ko'paytmasi 2 ning qanday eng katta darajasiga qoldiqsiz bo'linadi?

9.12-topshiriq. Quyidagi chizmada nechta to'g'ri to'rtburchak borligini aniqlang:

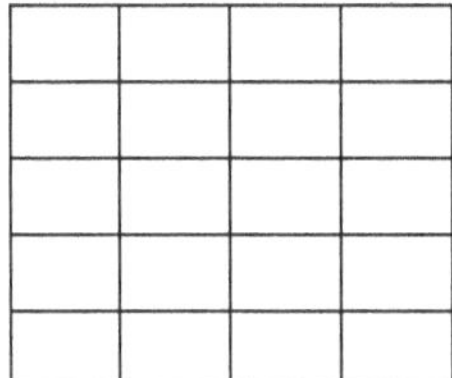

9.13-topshiriq. Shunday eng kichik son topingki, uni 2 ga, 3 ga, 4 ga, 5 ga, 6 ga va 7 ga bo'lganda ham 1 qoldiq hosil bo'lsin.

10-dars. O'quvchilarda IQ testlar yechish ko'nikmasini oshirish

Hozirgi kunda o'quvchilarga dars mashg'ulotlari davomida nostandart masalalar, turli xil fikrlashga undovchi muammoli topshiriqlar berib borish, ularning fikrlash qobilyatini oshirishga, mulohaza yuritishiga yordam beradi.

IQ darajasidagi testlarni yechish o'quvchilarda matematik mushohada yuritishni yaxshilaydi. Bu darsimizda ham IQ testlar bo'yicha bilimlarimizni boyitib olamiz.

Bizning asosiy muammolarimizdan biri, o'quvchilarimizda IQ testlar bilan ishlash ko'nikmasi yaxshi rivojlanmagan.

Darsliklarda ham bu bo'yicha yetarli ma'lumotlar berilmagan. IQ testlar bilan ishlash o'quvchilarda juda yaxshi samara beradi. Quyida biz ham, bir nechta IQ testlarni keltirib o'tamiz.

Aziz o'quvchi, siz ham internet tarmoqlaridan yoki siz uchun ishlab chiqilgan www.matematiklar.uz sayti orqali IQ testlar yechish ko'nikmangizni oshirishingiz mumkin.

10.1-topshiriq.

Qonuniyatni aniqlab, ? o'rnidagi sonni toping.

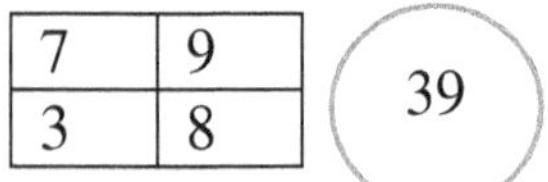

10.2-topshiriq.

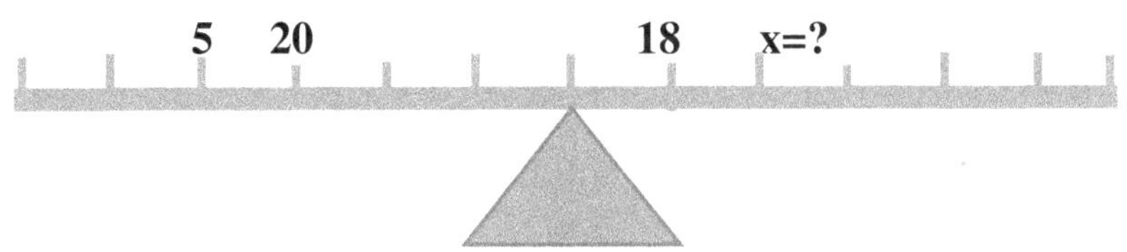

Taxtaning ma'lum joylariga 5kg, 20 kg va 18 kg og'irlikdagi yuklar qo'yilgan.

Taxta muvozanatini saqlash uchun x ni o'rniga qancha kg yuk qo'yish kerak.

10.3-topshiriq.

Qonuniyatni aniqlab, keyingi sonni toping.

1, 8, 27, 64, ?

10.4-topshiriq.

Quyidagi bog'lanishni aniqlang va ? o'rnidagi sonni toping.

BOLA – 4

QAYIQ – 3

BESH – 2

KITOB - ?

10.5-topshiriq.

Quyidagi doira ichidan ortiqcha bo'lgan sonni toping

Bunda berilgan 9 ta sondan, 8 tasida qandaydir bog'lanish yashiringan. Siz esa, bog'lanishga aloqasi yo'q ortiqcha sonni topishingiz kerak bo'ladi.

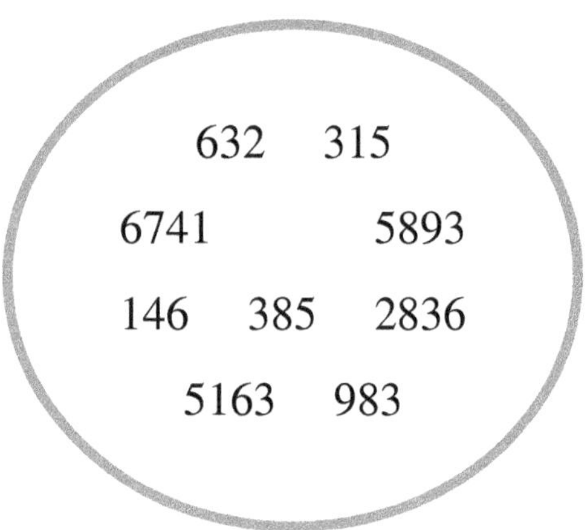

10.6-topshiriq.

Qonuniyatni aniqlab, ? belgisi o'rnidagi sonni toping.

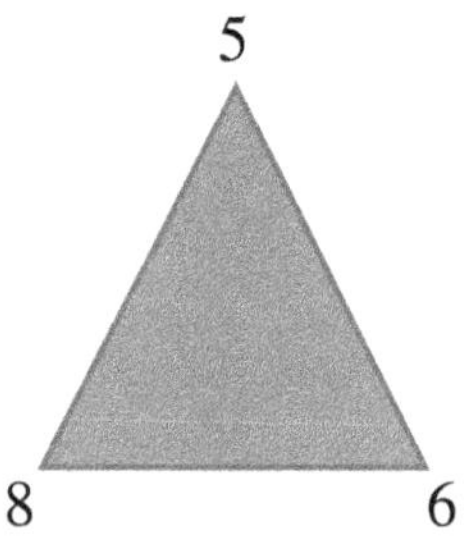

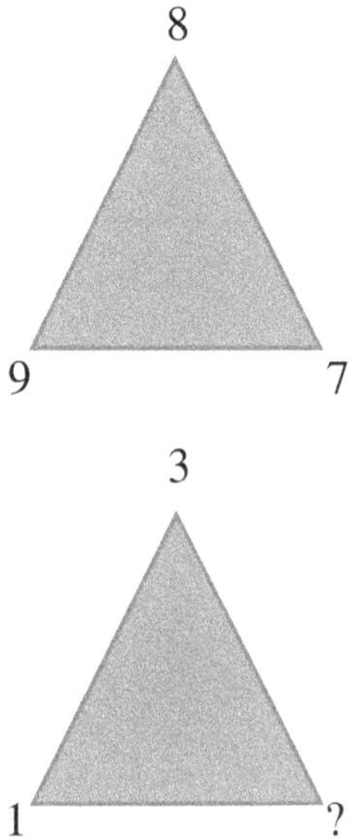

10.7-topshiriq.

Qonuniyatni aniqlab, keyingi sonni toping.

3412, 4223, 2334, 3442, ?

10.8-topshiriq.

Qonuniyatni aniqlab, ? belgisi oʻrnidagi sonni toping.

9	6	4

6	3	9	?

10.9-topshiriq.

So‘roq belgisi o‘rnida qanday son bo‘lishini aniqlang.

8	2	4	2	106
7	5	3	9	132
7	8	1	2	153
3	9	5	6	131
8	1	2	7	99
9	3	1	7	?

10.10-topshiriq.

Quyidagi sonlardan qaysi biri ortiqcha?

2772
3663
2970
4275
5841
3564

10.11-topshiriq.

Qonuniyatni aniqlab, keyingi sonni toping:

867 = 3

860 = 4

808 = 5

909 = ?

10.12-topshiriq.

Beshta aylanani kesishtirib, tekislikni eng ko'pi bilan nechta qismga ajratish mumkin?

TESTLAR

1. Dastlabki 100 ta tub sonlar ko'paytmasi qanday raqam bilan tugaydi?
   A) 5
   B) 2
   C) 1
   D) 0
2. Beshta aylana kesishishi orqali tekislikni eng ko'pi bilan nechta qismga ajratadi?
   A) 20

B) 30
C) 25
D) 32

3. 2010 sonining tub bo'luvchilari yig'indisini toping.
   A) 201
   B) 75
   C) 77
   D) 67

4. Qonuniyatni aniqlab, keyingi sonni toping.
   1, 1, 2, 3, 5, ?
   A) 7
   B) 8
   C) 9
   D) 10

5. Ushbu ko'paytma   nechta nol bilan tugaydi?
   A) 23

B) 24
C) 25
D) 26

6. Ushbu   yig'indi qanday raqam bilan tugaydi?
   A) 1
   B) 3
   C) 5
   D) 7

7. Faqat birinchi raqami juft son bilan boshlanadigan,
   nechta uch xonali sonlar mavjud?
   A) 200

B) 300
C) 400
D) 450

8. 3 tovuq 5 kunda 8 ta tuxum qo'ysa, 5 tovuq 6 kunda qancha tuxum qo'yadi?
    A) 18
    B) 16
    C) 14
    D) 12

9. Barcha raqamlari juft bo'lgan nechta besh xonali son mavjud?
    A) 3000
    B) 2800
    C) 2500
    D) 2000

10. Quyidagi sonlardan qaysilari egizak tub sonlar juftligini tashkil qiladi?
    A) (7,9)
    B) (13,15)
    C) (17,19)
    D) (21,23)

11. Hisoblang:
    A)
    B)
    C)
    D)

12. Hisoblang:
   A) -1
   B) 0
   C) 1
   D) 2
13. Ushbu   tengsizlikni nechta natural son qanoatlantiradi?
   A) 1
   B) 2
   C) 3
   D) 4
14. Ushbu sonning raqamlari yig'indisini toping.
   A) 56
   B) 15
   C) 6
   D) 5

15. Ushbu ko'paytma nechta nol bilan tugaydi?
   A) 28
   B) 29
   C) 30
   D) 31
16.   tengsizlikning eng katta natural yechimini toping.
   A) 20
   B) 19
   C) 18
   D) 17
17.   yig'indi qanday raqam bilan tugaydi?
   A) 1
   B) 2

C) 3

D) 4

18. Quyidagi qaysi son o‘zidan boshqa bo‘luvchilarining yig‘indisiga teng?

A) 12

B) 20

C) 36

D) 28

19. Nechta uch xonali palindrom sonlar mavjud?

A) 90

B) 81

C) 72

D) 62

20. Quyidagi sonlardan nechtasi palindrom sonlar hisoblanadi?

10, 202, 1000001, 4747, 19191, 8080

A) 2

B) 3

C) 4

D) 5

21. Maktabdan bozorga 3 xil yo‘ldan borib bo‘ladi, bozordan uyga esa 4 xil yo‘l orqali borib bo‘ladi. Maktabdan uyga necha xil yo‘l orqali borish mumkin?

A) 7

B) 10

C) 12

D) 14

22. 2 raqami ikki marta, 3 raqami uch marta uchraydigan besh xonali sonlar nechta?

A) 120

B) 60

C) 20

D) 10

23. Hisoblang:

A) 48

B) 50

C) 52

D) 0

24. Barcha uch xonali juft sonlar ketma-ket yozilganda necha xonali son hosil bo'lishini aniqlang.

A) 1355

B) 1365

C) 1350

D) 1335

25. Raqamlari yig'indisi toq bo'lgan nechta ikki xonali son 8 ga qoldiqsiz bo'linadi?

A) 4

B) 5

C) 6

D) 7

26. ko'paytma nechta nol bilan tugaydi?

A) 11

B) 10

C) 12

D) 14

27. Ko'p qavatli uyning 4-qavatigacha bo'lgan masofa 12 metr. Shu uyning 12-qavatigacha bo'lgan masofani toping.

A) 48
B) 44
C) 36
D) 33

28. Ushbu sonning raqamlari yig'indisini toping:
31323334...5960
A) 245
B) 265
C) 258
D) 280

Xulosa.

Ushbu qo'llanma orqali 5-6 sinf o'quvchilari foydalanishi uchun qiziqarli mavzular hamda har bir mavzu uchun topshiriqlar mavjudligi, mavzuni mustahkamlash uchun yaxshi samara beradi. Topshiriqlar orasida amaliy mashqlar ham berilgan bo'lib, bu amaliy mashqlar o'quvchilar o'rtasida sog'lom raqobat muhitini shakllantirishga yordam beradi. 5-6 sinf o'quvchilarida asosan o'z sinfdoshlari bilan bilim bo'yicha raqobatda bo'lish hislati yaxshi rivojlangan bo'ladi.

Metodik qo'llanma uchun qo'shimcha ishlab chiqilgan, turli xil testlar va ma'lumotlar bilan boyitilgan www.matematiklar.uz sayti ham o'quvchilarni matematik savodxonligini oshirishda yaxshi samara beradi.

Foydalanilgan adabiyotlar roʻyxati:

1. F.R.Usmonov, R.D.Isomov, B.O.Xoʻjaev. "Matematikadan qoʻllanma". "Yangi asr avlodi", 2006-yil.

2. J.Ikromov. "Matematika" 6-sinf uchun oʻquv qoʻllanma. "Oʻqituvchi", 2006-yil.

3. "Fizika, matematika va informatika" jurnali, 2-son 2011-yil.

4. "Математика в школе" va "Квант" (Rossiya nashrlari) jurnallarning turli yillardagi sonlari.

5. Кен Рассел, Филип Картер. "Большая книга IQ – тестов", Moskva-2006.